Let out the Stress!

Painting and Profanity

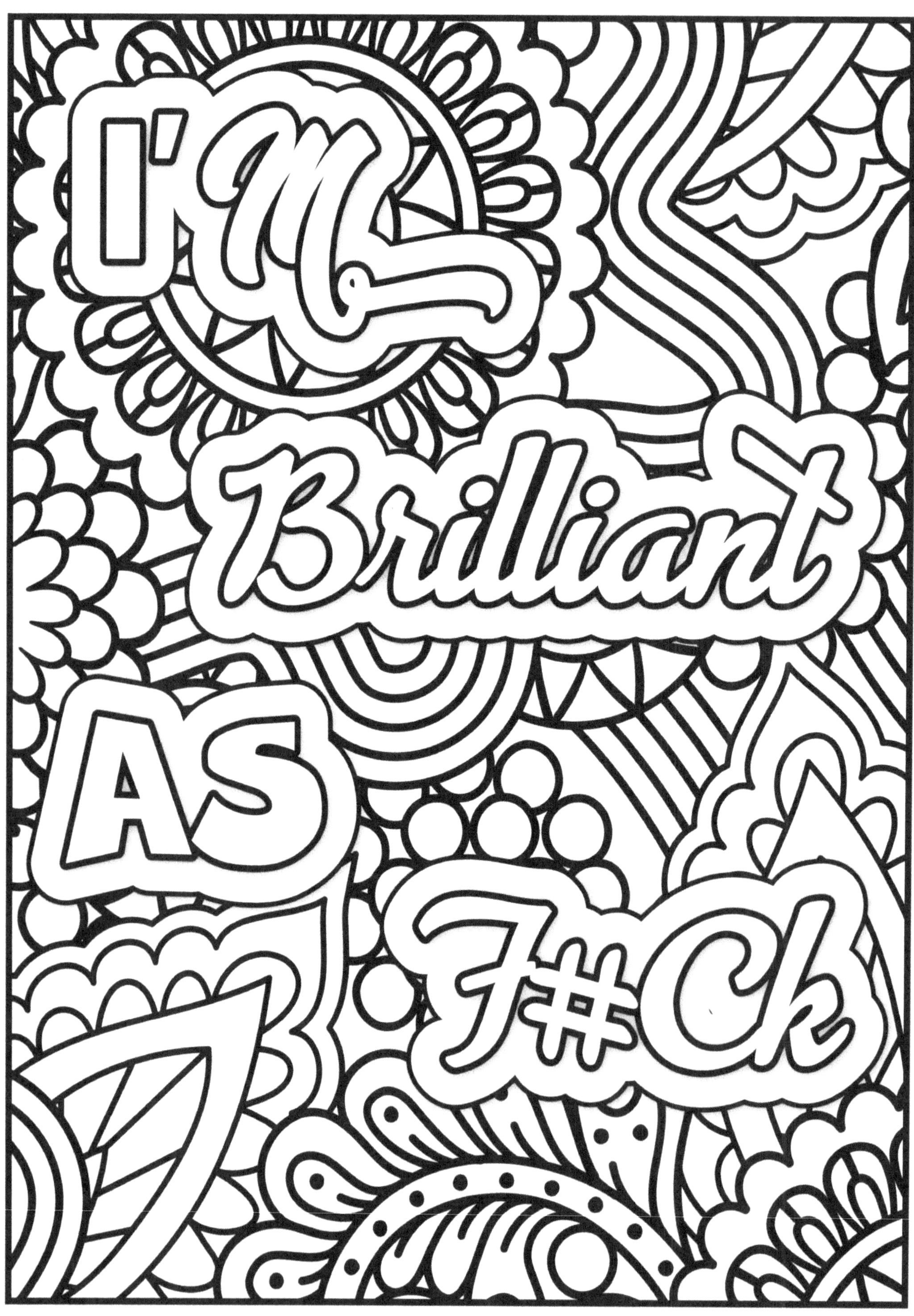

I'M
Brilliant
AS
F#Ck

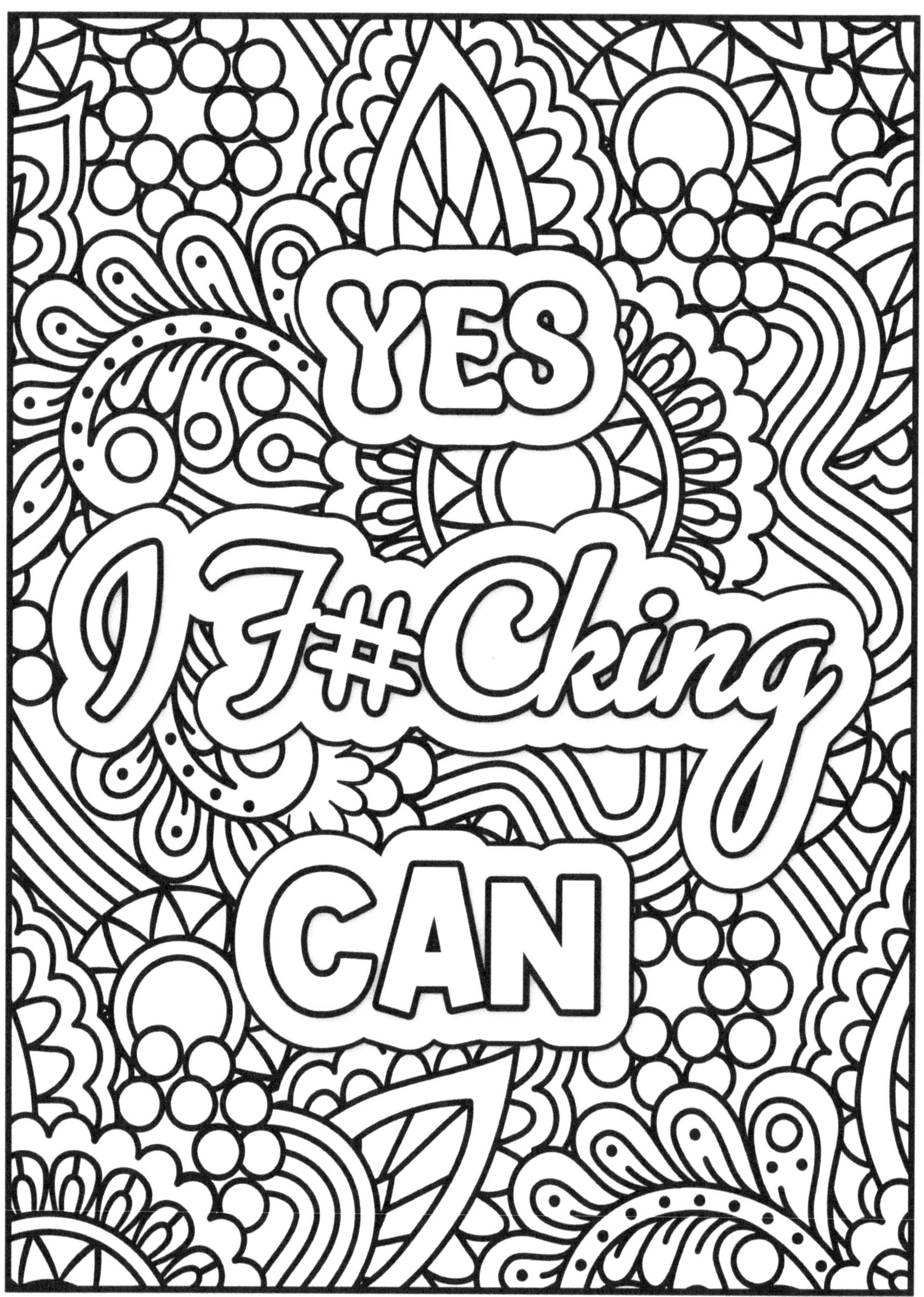
YES
I F#Cking
CAN

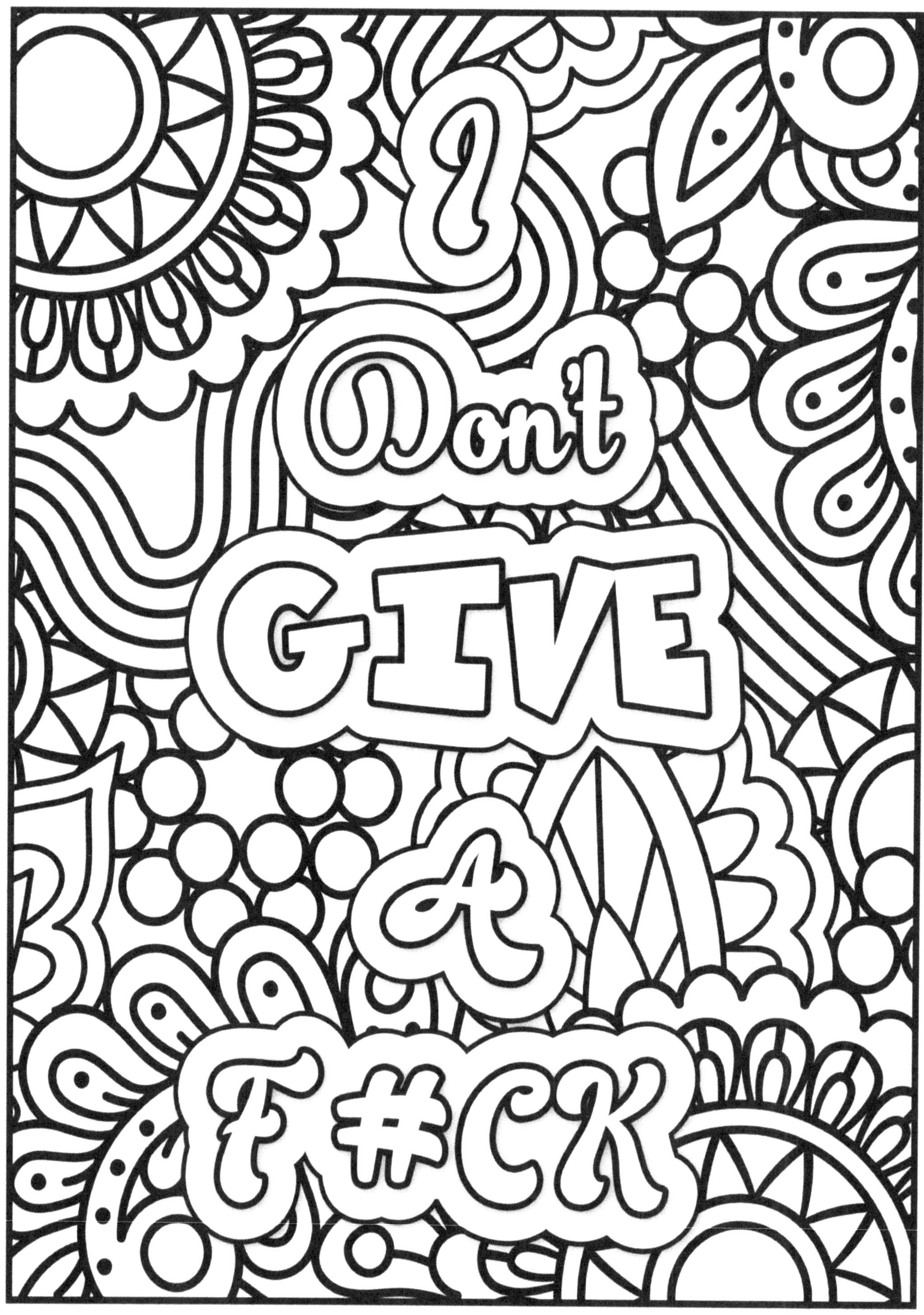
I
Don't
GIVE
A
F#CK

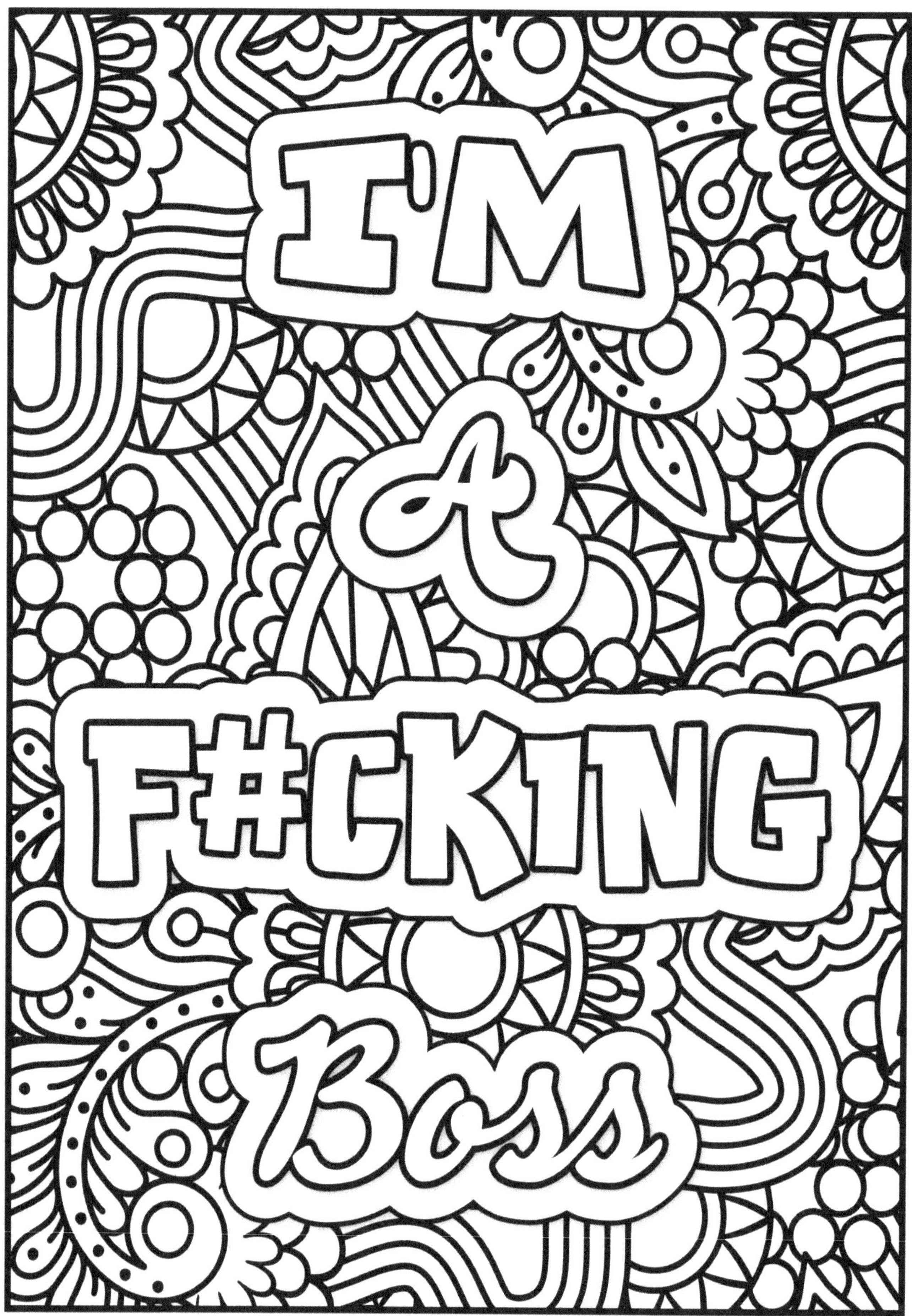
I'M
A
F#CK1NG
Boss

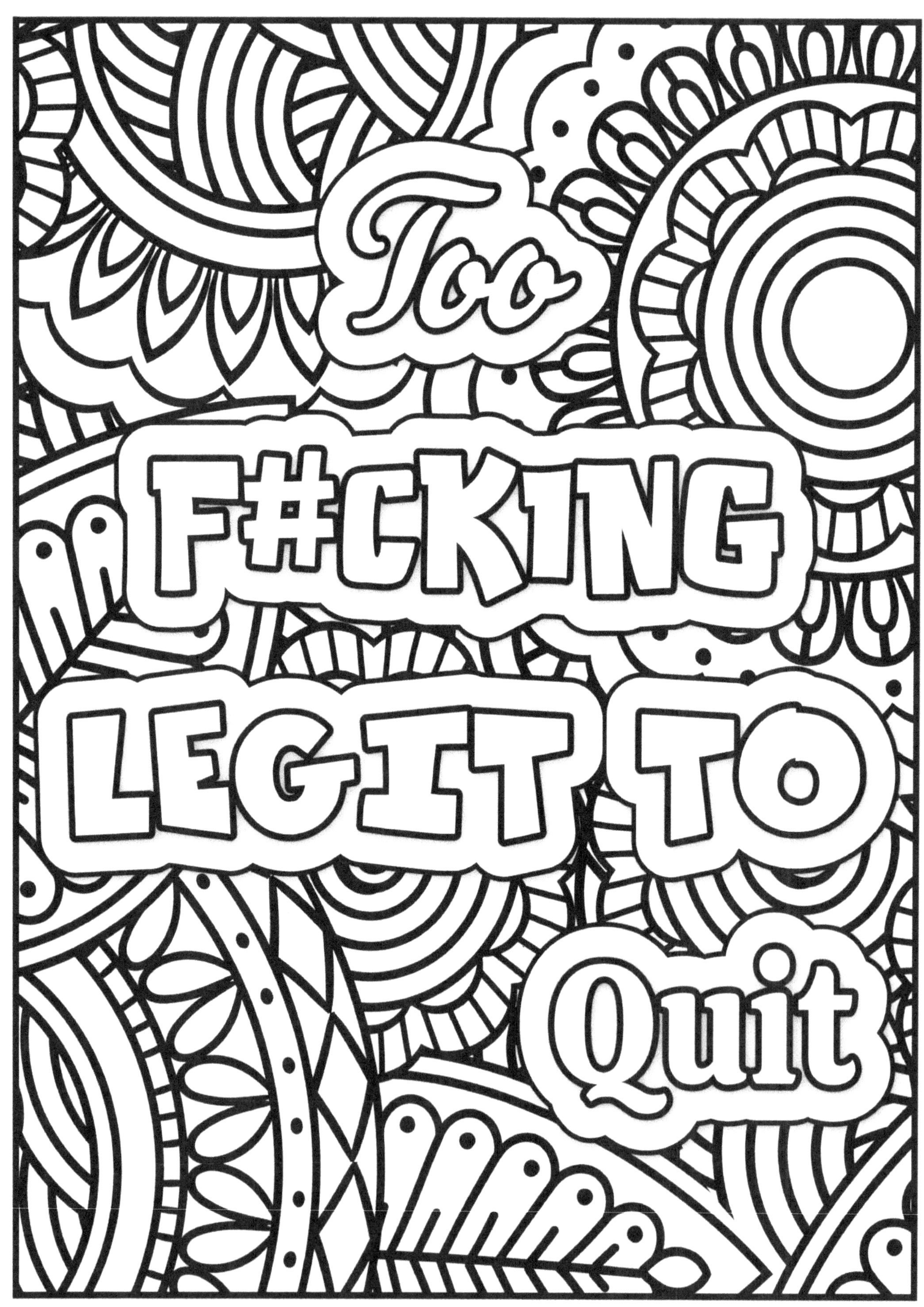

Too
F#cKING
LEGIT TO
Quit

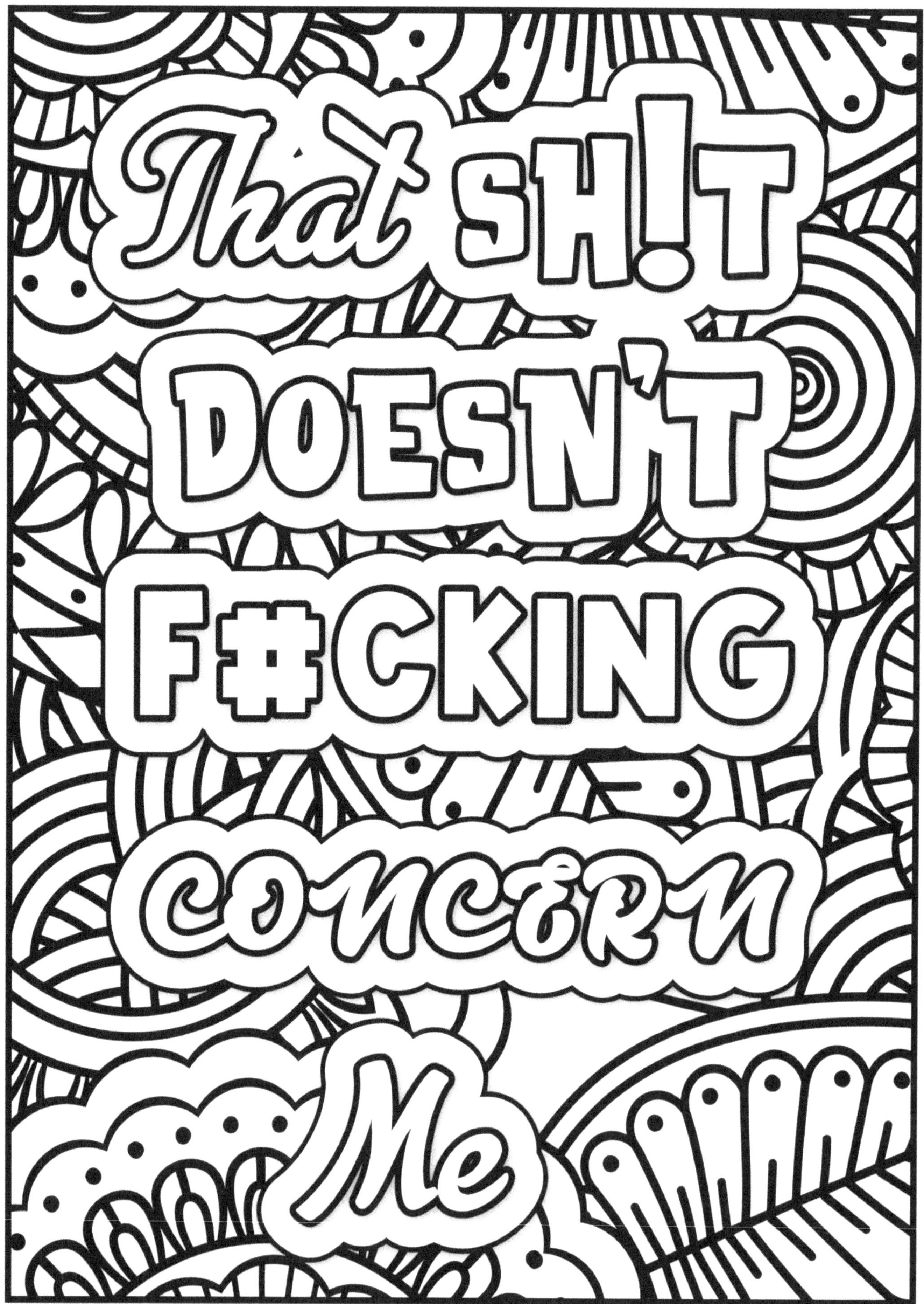
That SH!T
DOESN'T
F#CKING
CONCERN
Me

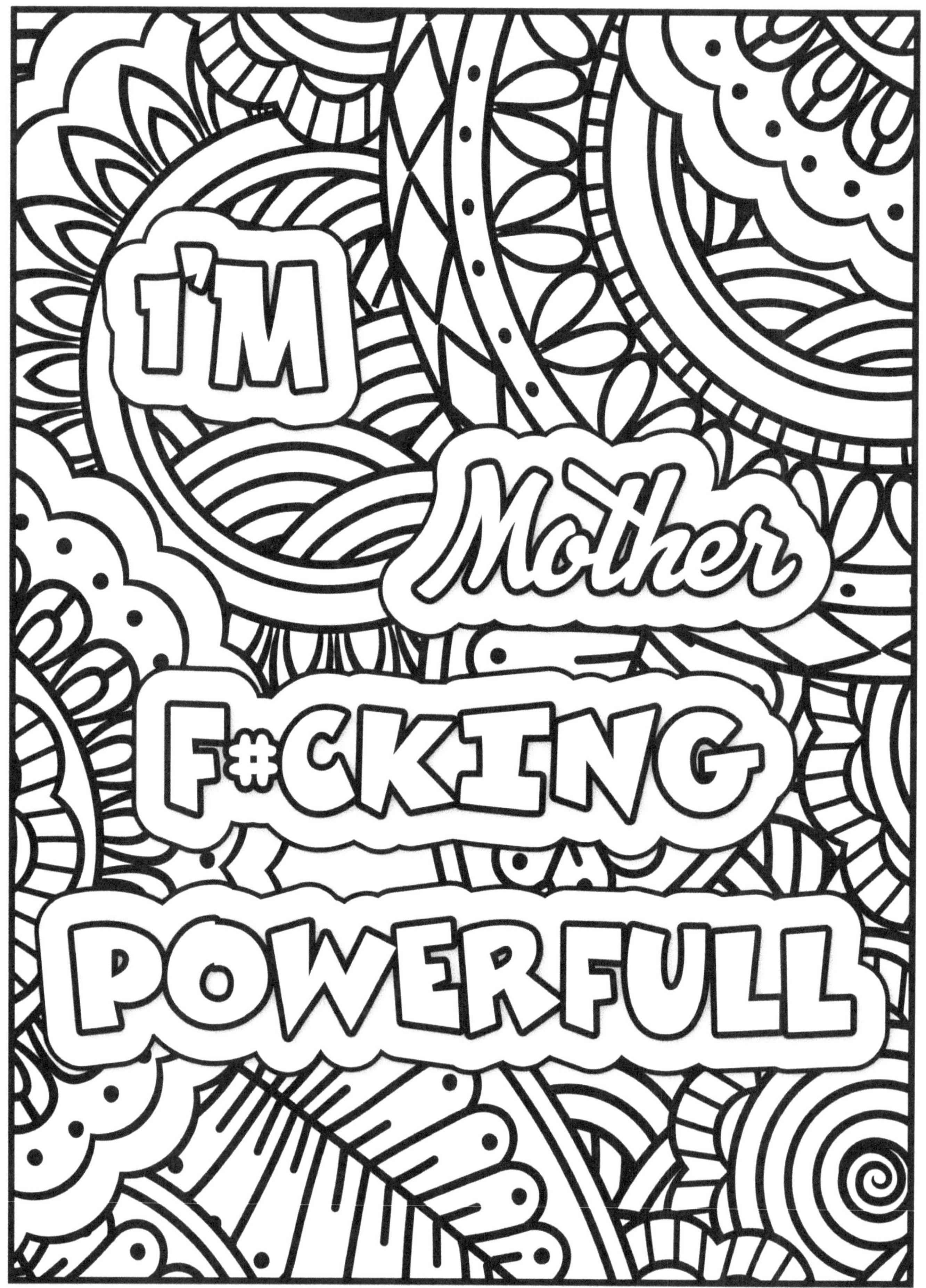

I'M
Mother
F#CKING
POWERFULL

I KEEP
IT
REAL IN
This Bitch

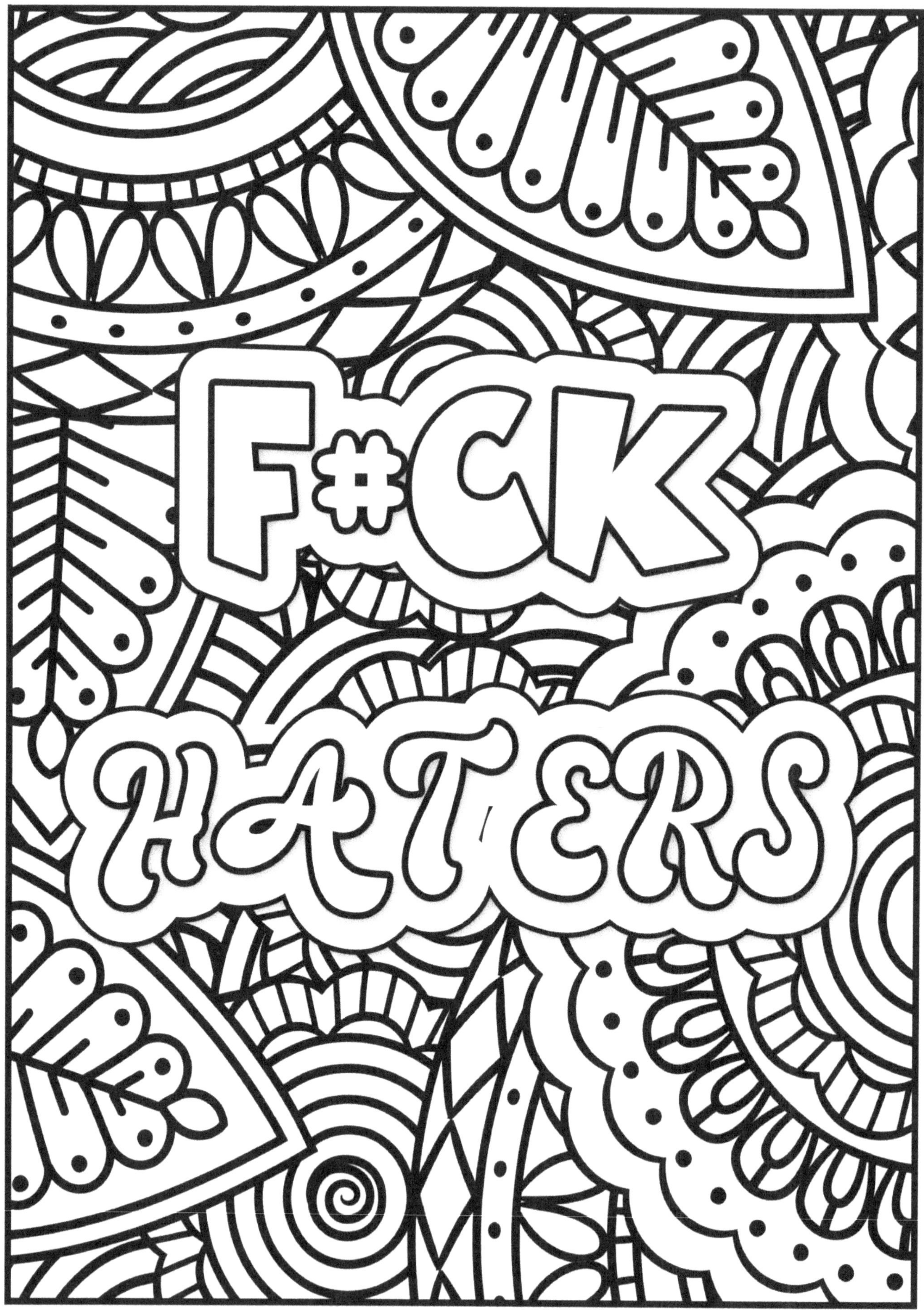

F#CK
HATERS

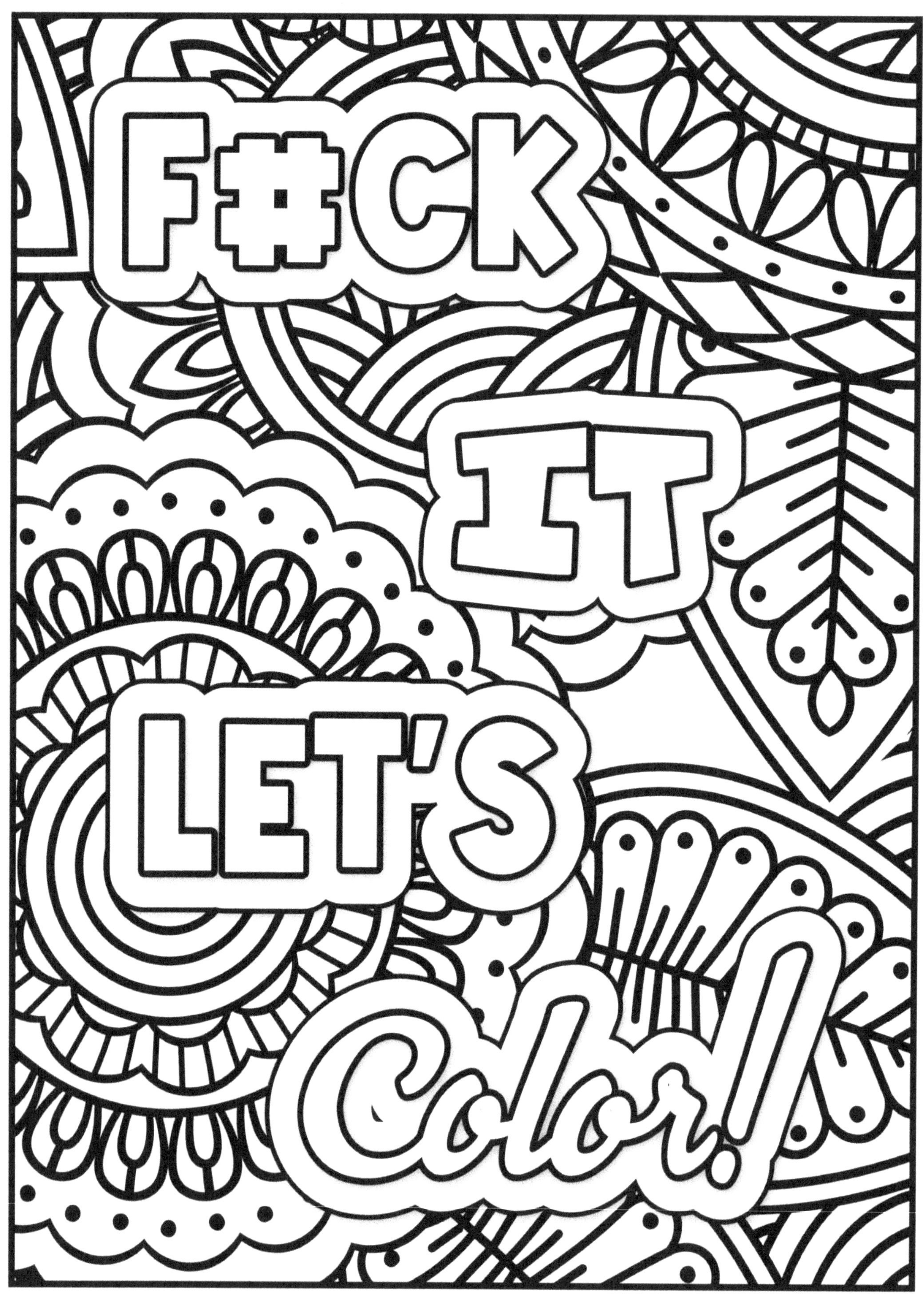

F#CK
IT
LET'S
Color!

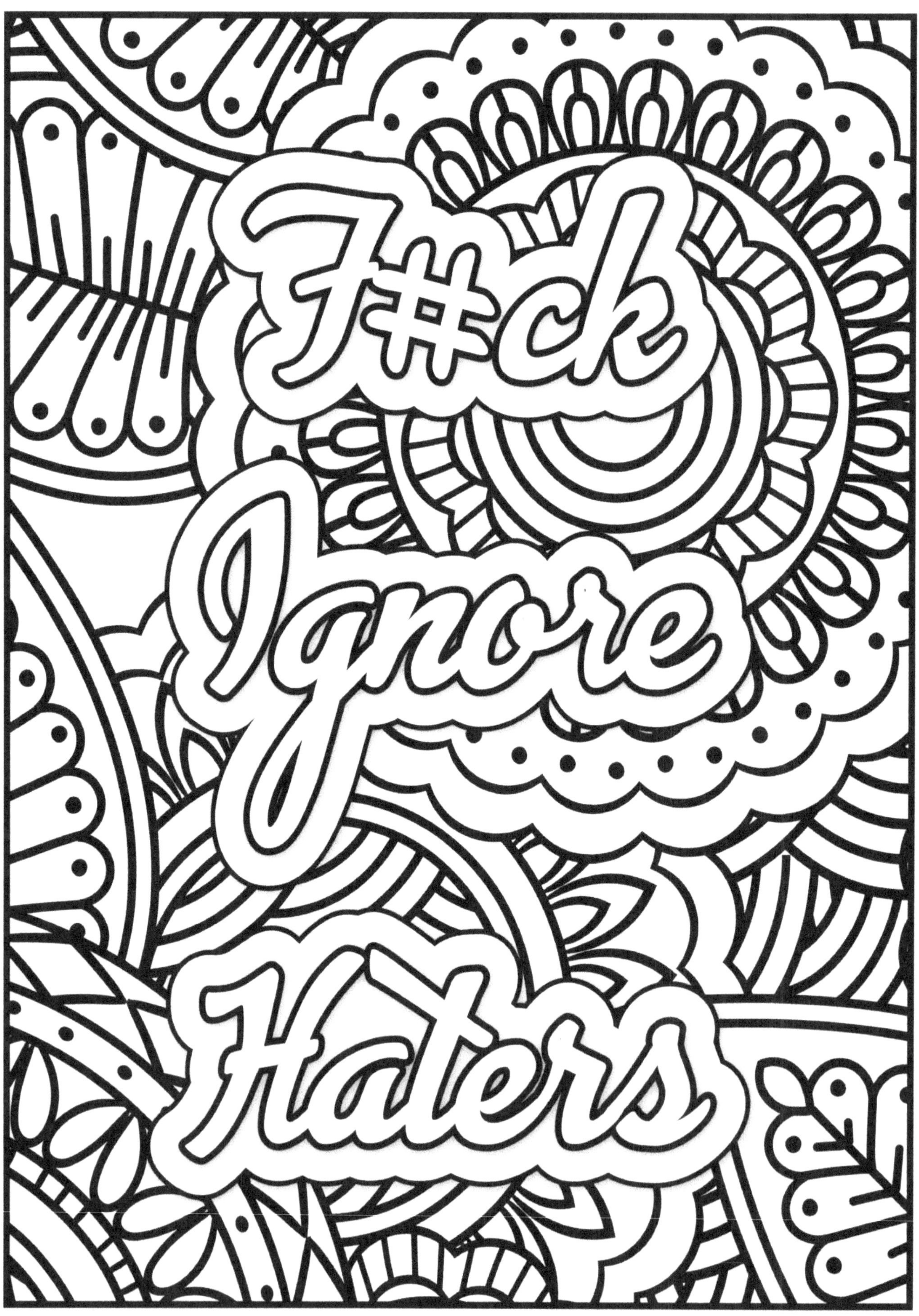

F#ck
Ignore
Haters

F#CK
LET
IT
Beee!

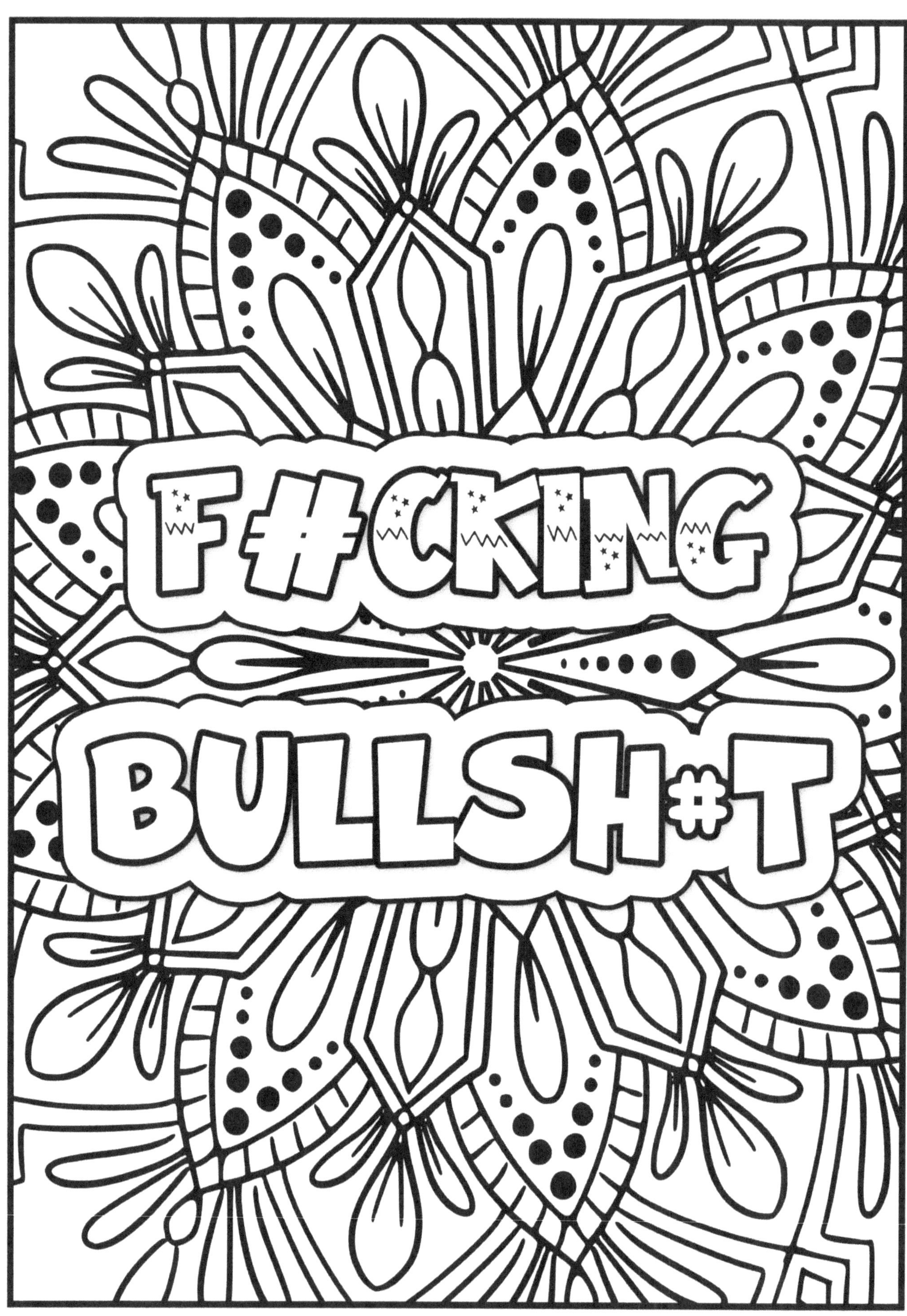

F#CKING
BULLSH#T

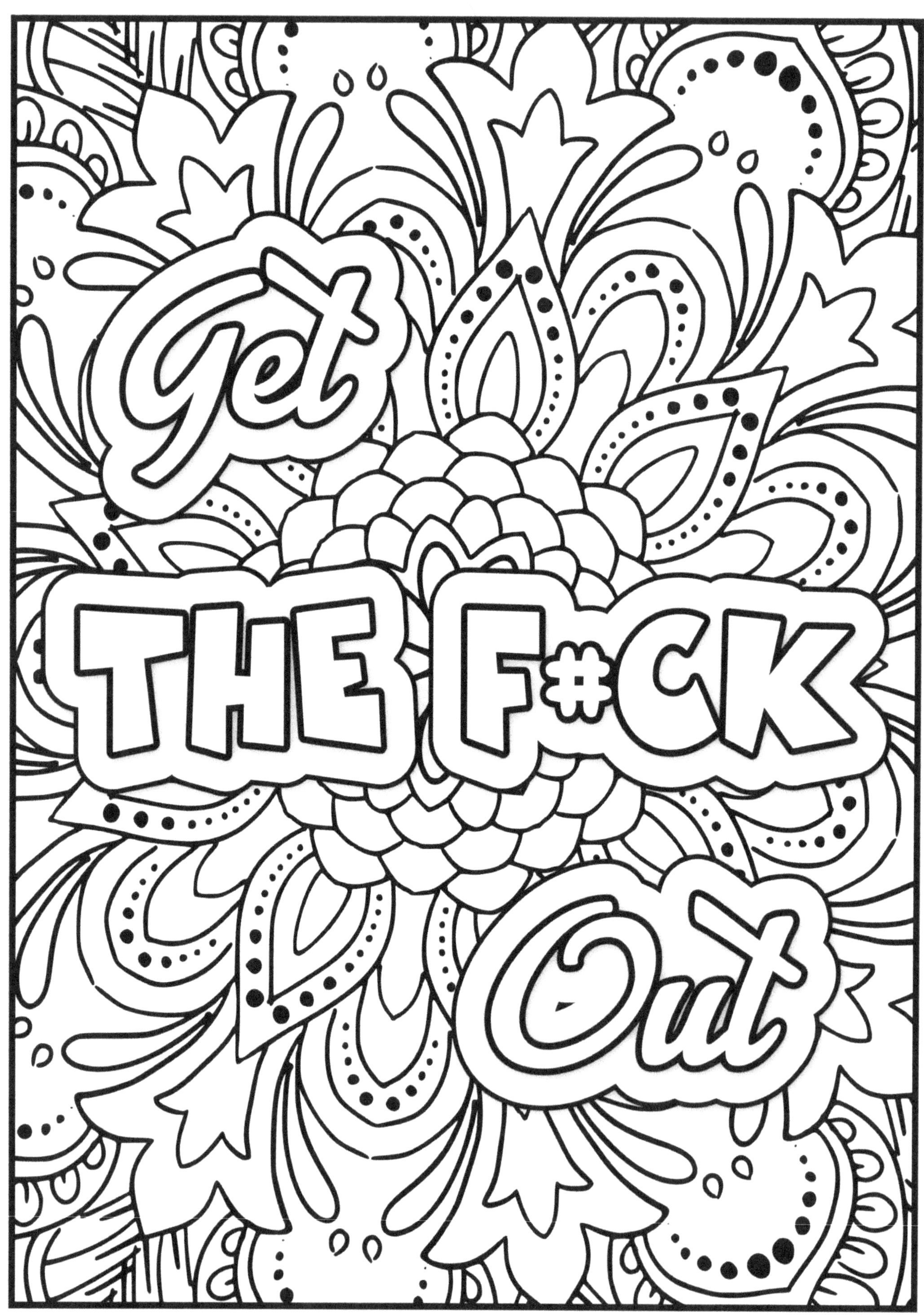
Get
THE F#CK
Out

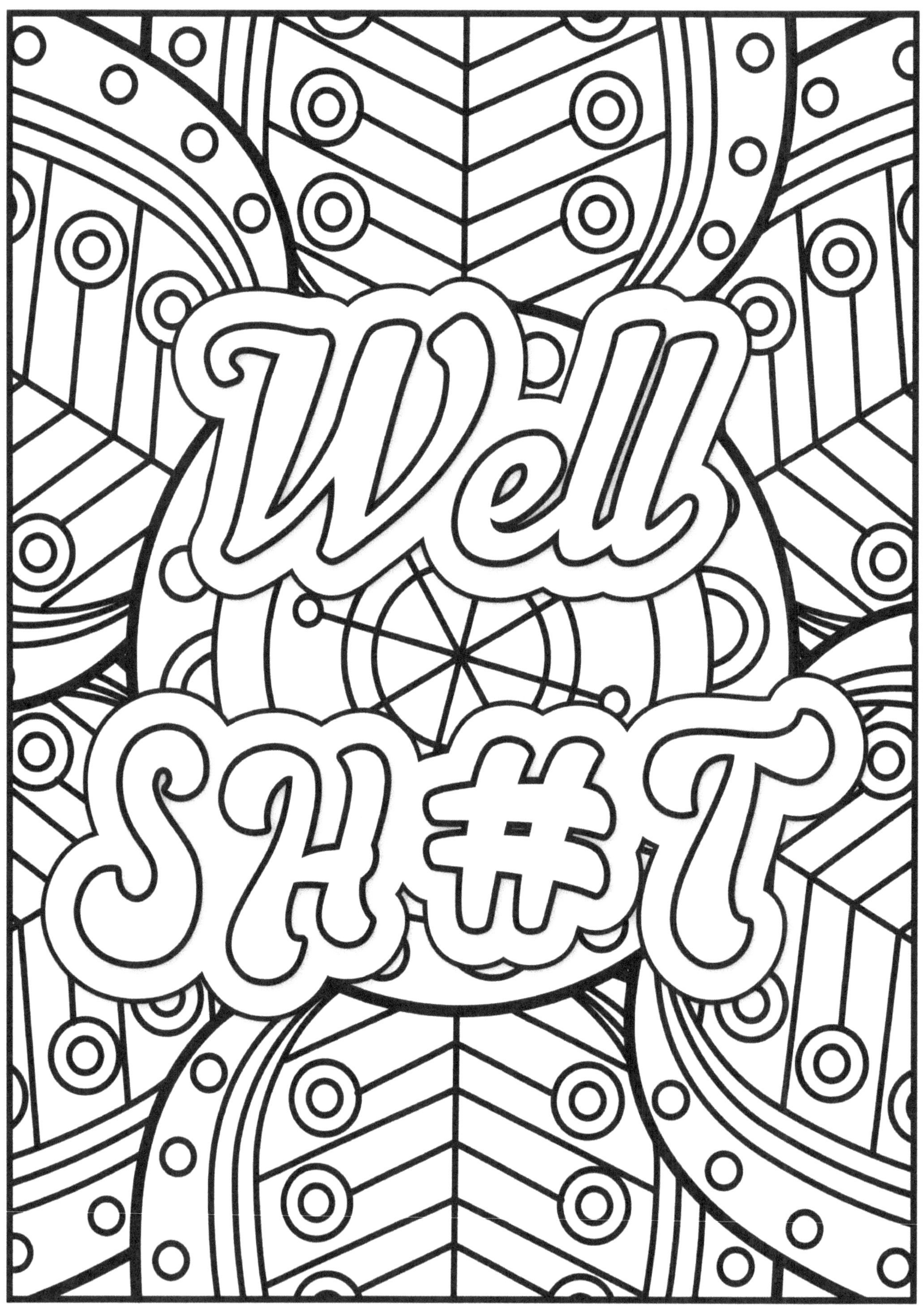

Well
SH#T

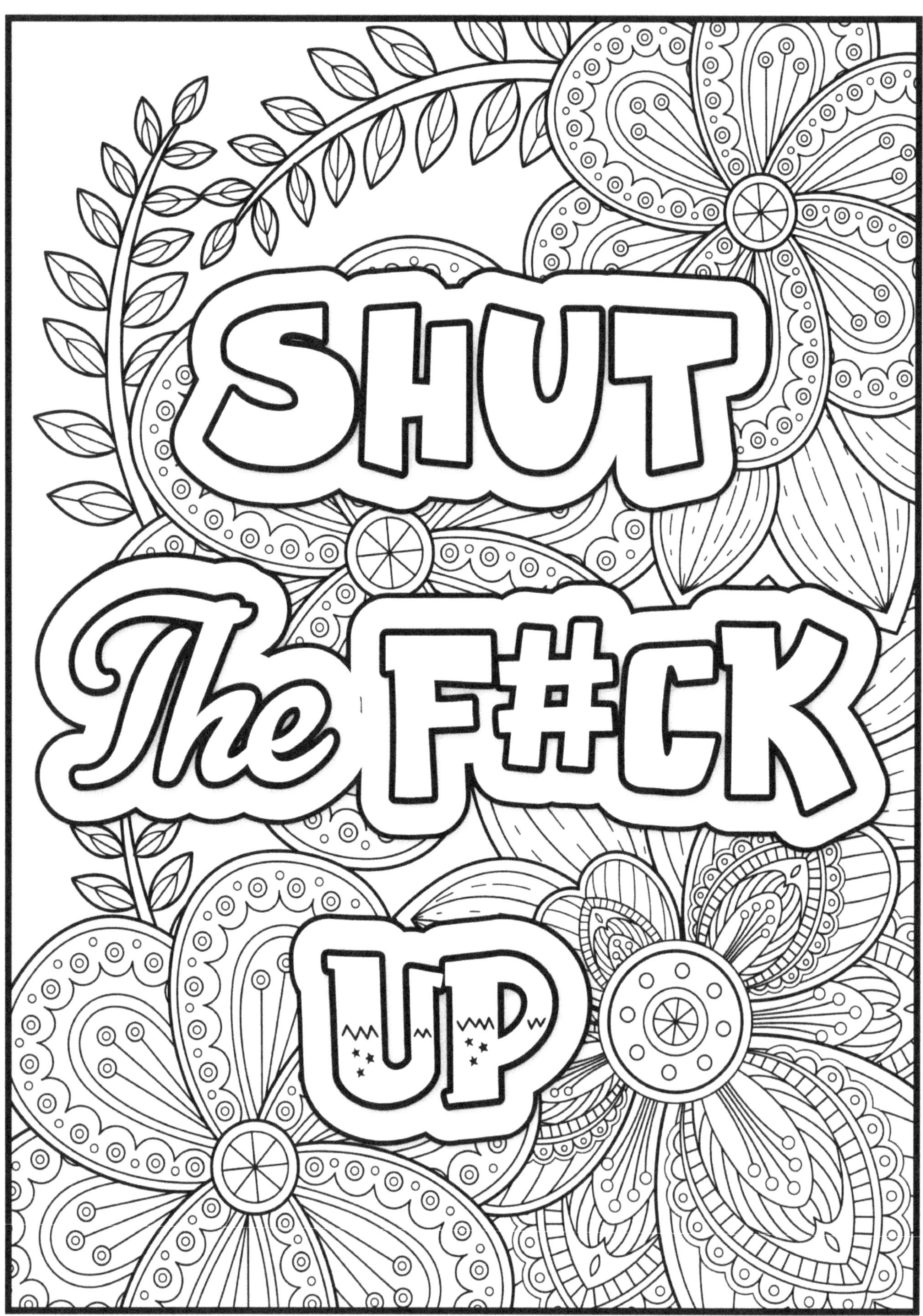

SHUT
THE F#CK
UP

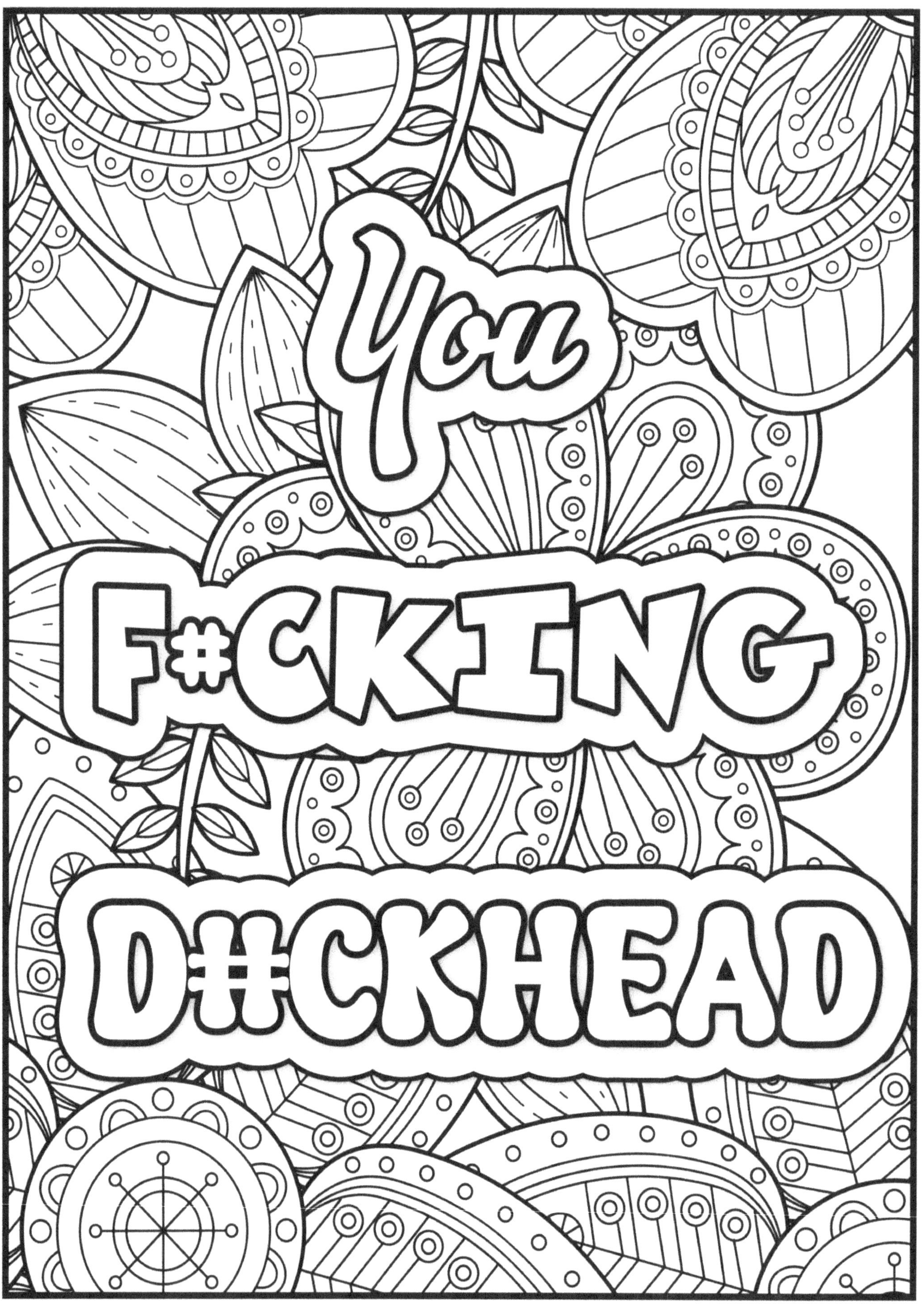

You
F#CKING
D#CKHEAD

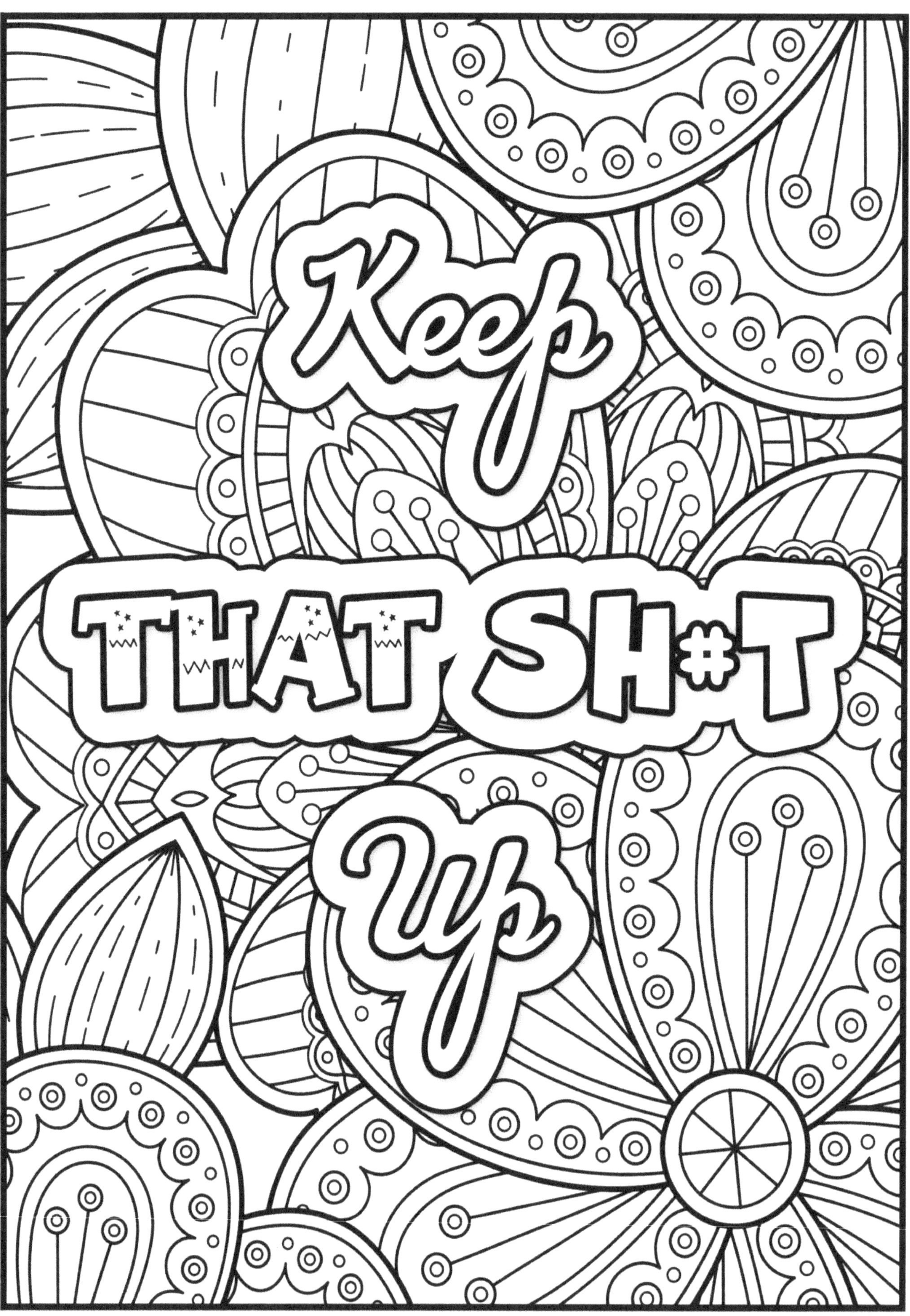

Keep
THAT SH#T
Up

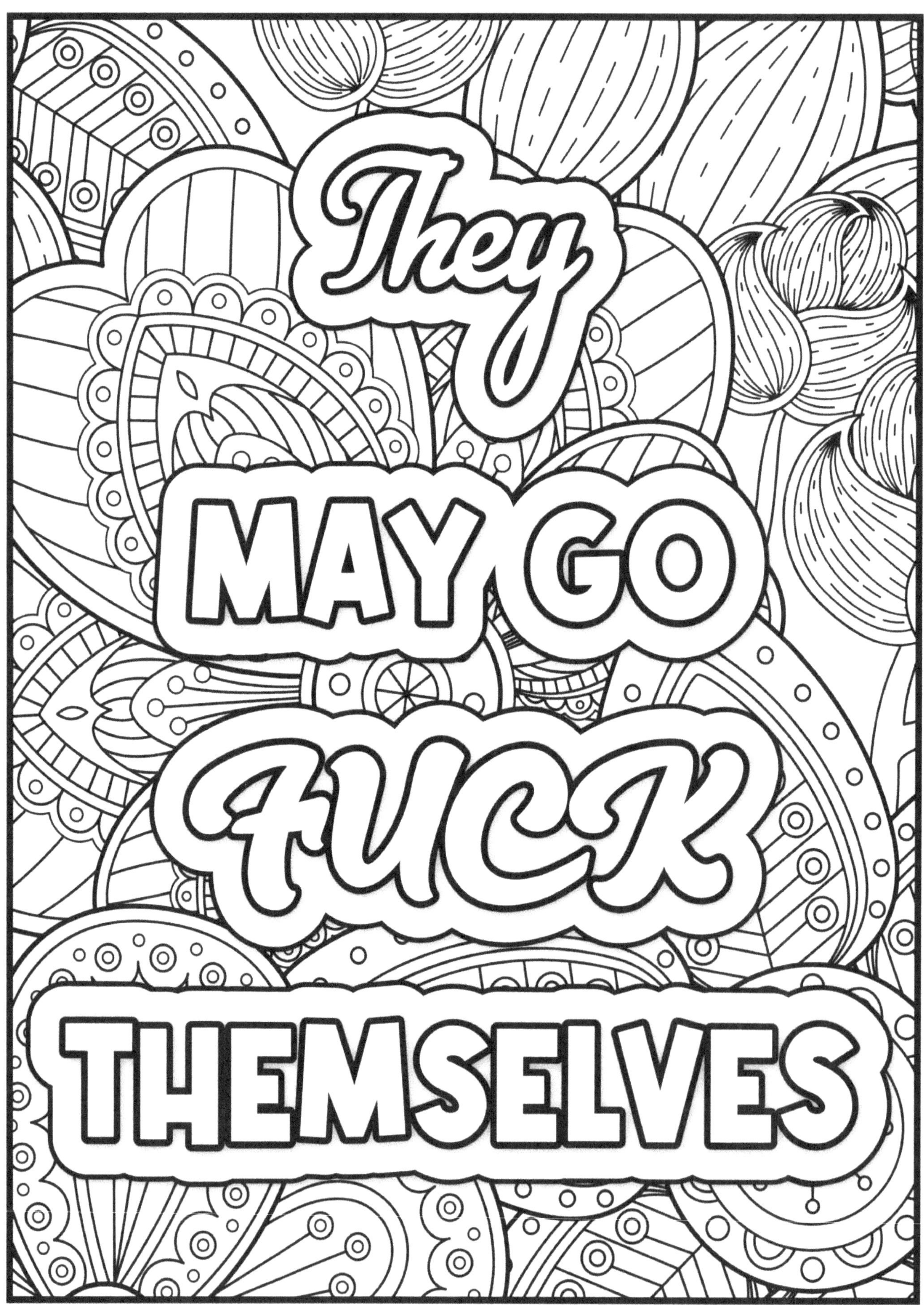

They
MAY GO
FUCK
THEMSELVES

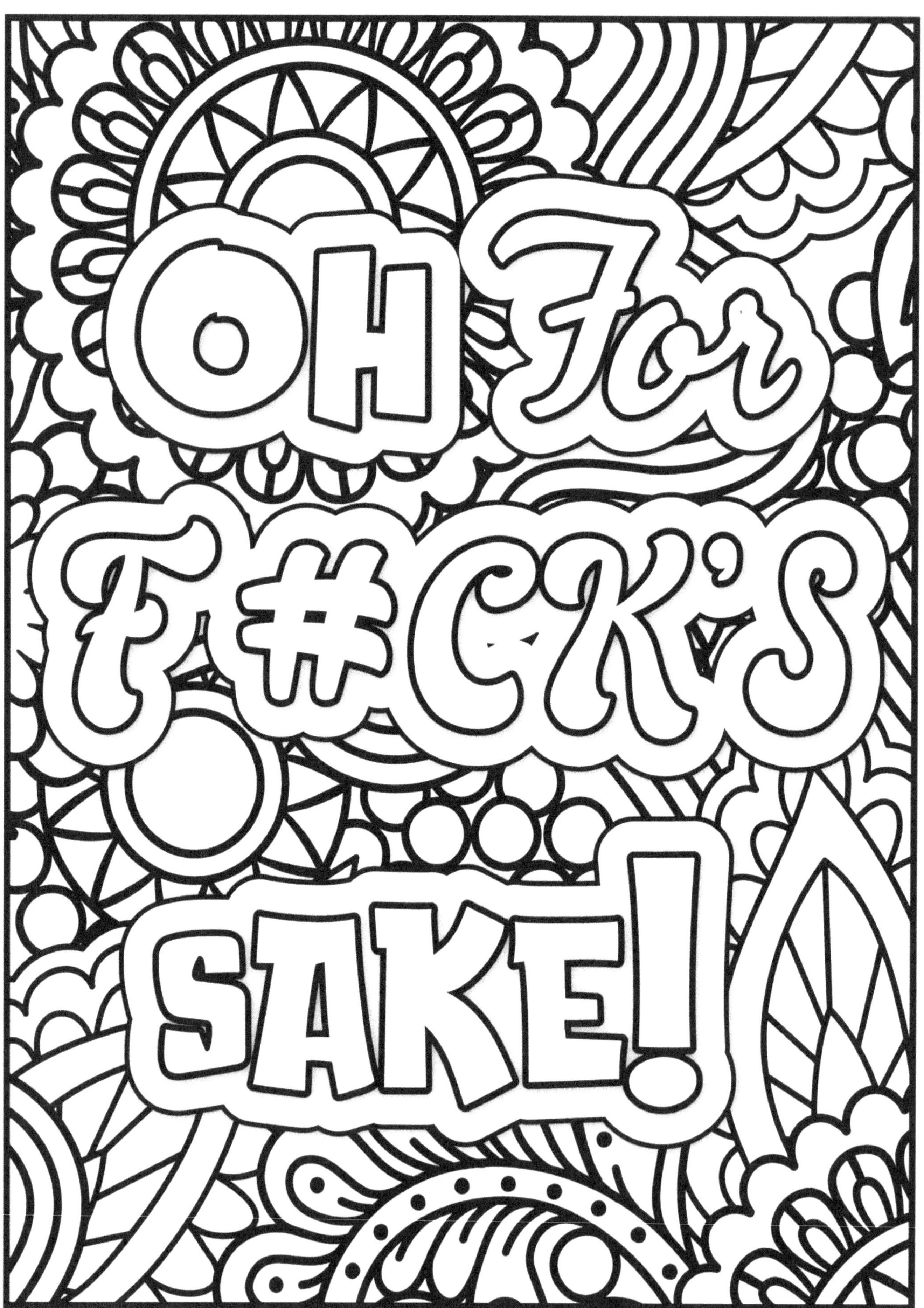

OH For
F#CK'S
SAKE!